lingvito

MY FIRST
RUSSIAN
ALPHABET BOOK

АБВГДЕ

www.lingvitokids.com

РУССКИЙ

А
арбуз
[arbuz] • watermelon

Б
бегемот
[begemot] • hippopotamus

В
верблюд
[verblyud] • camel

Ё
ёж
[yozh] • porcupine

Ж
жук
[zhuk] • bug

З
зонт
[zont] • umbrella

М
мяч
[myach] • ball

Н
носки
[noski] • socks

О
обезьяна
[obez'yana] • monkey

Т
тигр
[tigr] • tiger

У
улитка
[ulitka] • snail

Ф
фонарик
[fonarik] • flashlight

Ш
шарик
[sharik] • balloon

Щ
зубная щётка
[zubnaya shchotka] • toothbrush

Ъ Ы Ь
часы
[chasy] • watch

АЛФАВИТ

Г
гриб
[grib] • mushroom

Д
дом
[dom] • house

Е
енот
[yenot] • raccoon

ИЙ
икра
[ikra] • caviar

К
крокодил
[krokodil] • crocodile

Л
лодка
[lodka] • boat

П
попугай
[popugay] • parrot

Р
ракета
[raketa] • rocket

С
сова
[sova] • owl

Х
хлеб
[hleb] • bread

Ц
цыпленок
[tsyplenok] • chick

Ч
черепаха
[cherepakha] • turtle

Э
экскаватор
[ekskavator] • excavator

Ю
юбка
[yubka] • skirt

Я
яблоко
[yabloko] • apple

БУКВА

А

аист

[aist] · stork

автобус

[avtobus] · bus

ананас

[ananas] · pineapple

арбуз

[arbooz] · watermelon

"А" - **арбуз** он сладкий очень,
Ананас он очень сочен.
С буквой "А" всегда все просто,
Приходите к ней вы в гости.

4

белка

[belka] • squirrel

Пузатый **бегемотик** искал себе друзей,
И подружиться с **белкой** и **барсуком** сумел.
Искали они вместе себе соседей местных,
Нашли с десяток разных и это не предел.

банан

[banan] • banana

бегемот

[begemot] • hippo

бабочка

[babochka] • butterfly

БУКВА

волк

[volk] · wolf

вишня

[vishnya] · cherry

"В" - пузатая подруга с кольцами на палочке,
Скачет резво по траве на своей скакалочке.
Прибежали в поле **волки** тоже поиграться,
Вместе с буковкой **"В"** в мячик побросаться.

велосипед

[velosiped] · bike

виноград

[vinograd] · grapes

верблюд

[verblyud] · camel

БУКВА

грузовик
[gruzovik] · dump truck

гусь
[gus'] · goose

гриб
[grib] · mushroom

груша
[grusha] · pear

Громко **Гриша** песнь поёт для своей подружки,
А **Геннадий** сочиняет стих своей зверушке.
Горы, реки и леса тихо наслаждаются,
А подружка и зверушка парнями восхищаются.

горы
[gory] · mountains

дерево
[derevo] · tree

БУКВА

дельфин
[del'fin] · dolphin

дятел
[dyatel] · woodpecker

Буква "**Д**" добрее всех,
И повсюду слышен смех.
И **дельфин**, и **дикобраз**,
Букве "**Д**" твердят рассказ.

дом
[dom] · house

ежевика невелика,
"е" имеет земляника.
даже есть она у ели,
вот так, неужели?

Ё

ежевика
[yezhevika] · blackberry

единорог
[yedinorog] · unicorn

енот
[yenot] · raccoon

9

БУКВА

Ё

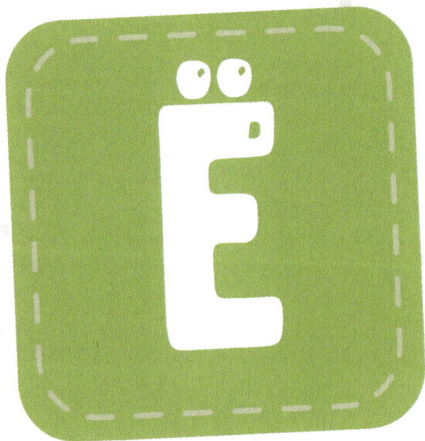

По травушке "Ё" бежит,
Догоняет **ёжика**.
Кажется, у этих двух,
Что-то есть похожее.

ёж

[yezh] · hedgehog

ёлка

[yelka] · christmas tree

жук
[zhuk] · bug

Жук жирафа догонял,
Жук настойчиво жужжал.
А потом так получилось,
Жук жирафа обогнал.

жираф
[zhiraf] · giraffe

желудь
[zhelud'] · acorn

зебра
[zebra] • zebra

З

Звёздочки на небе ярко всем светили,
К маме зебре в гости подружки приходили.
Сказки сочиняли и стихи писали,
Всех своих детишек на концерт позвали.

звезда
[zvezda] • star

заяц
[zayats] • hare

БУКВА

И

Вкусную **ириску**,
Ел малыш Дениска.
А потом **изюм**,
На закуску...хрум.

изюм

[izyum] · raisins

инструменты

[instrumenty] · tool

индюк

[indyuk] · turkey

БУКВА

йод

[yod] • iodine

Слов на **Й** не так уж много,
Йод и даже слово **йогурт**.
Цвета может быть любого,
Вида буква делового.

лейка

[leyka] • watering can

йогурт

[yogurt] • yogurt

корова

[korova] • cow

К

Корова крольчонку,
Варила сгущенку.
А буковка **"К"**,
Им чай принесла.

клубника

[klubnika] • strawberry

кот

[kot] • cat

крокодил

[krokodil] • alligator

БУКВА

лиса

[lisa] · *fox*

Лисичка-сестричка по лесу гуляла,
Лягушку она в лесу повстречала.
Вместе теперь они ходят гулять,
Буковку "Л" до утра повторять.

лягушка

[lyagushka] · *frog*

лев

[lev] · *lion*

лук

[luk] · *onion*

В **море "М"** купалась,
С рыбками игралась.
Морж услышал и приплыл,
С **"М"** играться попросил.

машина
[mashina] · car

медведь
[medved'] · bear

морж
[morzh] · walrus

мороженое
[morozhenoye] · ice cream

БУКВА

нос

[nos] • nose

ножницы

[nozhnitsy] • scissors

Носорог весёлый,
Скоро идёт в школу.
Научился он читать,
Букву **"Н"** всем нужно знать!

носки

[noski] • socks

носорог

[nosorog] • rhinoceros

обезьяна

[obez'yana] · monkey

очки

[ochki] · glasses

"О" - такая, как кружок,
Или с дыркой пирожок.
Очень любят букву звери,
Обезьяны и олени.

окно

[okno] · window

олень

[olen'] · deer

19

БУКВА

П

Паруса у корабля,
У **пингвина** крылья.
Как посмотришь издали,
Как-будто из мультфильма.

пингвин
[pingvin] · penguin

**парусная
лодка**
[parusnaya lodka] · sailboat

"Р" - **река** широка,
Близь ее **рыбалка**.
Ловись **рыбка** малая,
А может и русалка.

БУКВА

река
[reka] · river

рыбак
[rybak] · fisherman

рыба
[ryba] · fish

сорока

[soroka] • magpie

слон

[slon] • elephant

Буква **"С"** - простая,
Буква **"С"** - смешная,
Сок, сорока, слон,
Снится сладкий сон.

сок

[sok] • juice

тигр

[tigr] • tiger

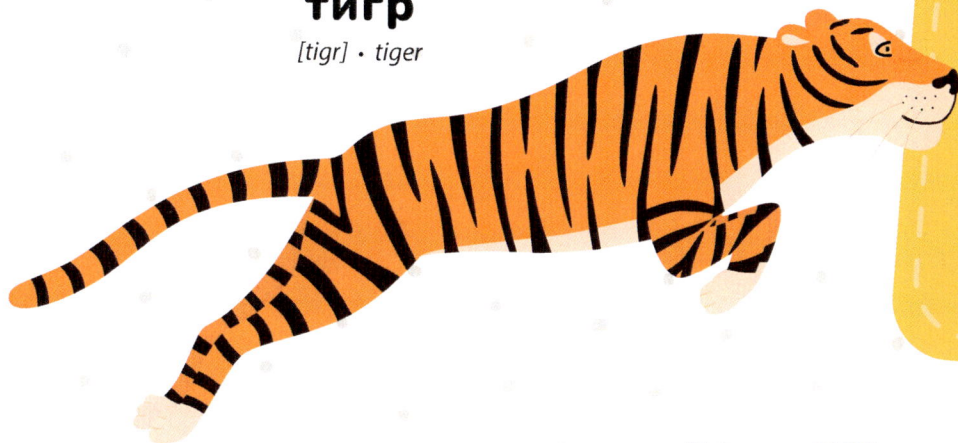

Т

Буква **"Т"** для **Тимы**,
Буква **"Т"** для **Томы**.
Тигр, **трактор** и **тюлень**,
Всем это знакомо.

тюлень

[tyulen'] • seal

трактор

[traktor] • tractor

23

БУКВА

У

утка
[utka] · duck

Утка по полю пошла,
Утка к озеру пришла.
Там лежала буква "У",
Говорила всем ку-ку.

улитка
[ulitka] · snail

ученик
[uchenik] · student

фонарик
[fonarik] · flashlight

Ф

И **фламинго**, и **фазан**,
Носят феи талисман.
Буква **"Ф"** на шее,
Чтобы всем виднее.

футбольный мяч
[futbol'nyy myach] · soccer ball

фламинго
[flamingo] · flamingo

футболка
[futbolka] · t-shirt

БУКВА

Х

Хомячок набил бочок,
Хомячок купил смычек.
И теперь для всех,
Поет простые песни.

ХОМЯК

[khomyak] • hamster

хвост

[khvost] • tail

хлеб

[khleb] • bread

цистерна

[tsisterna] · tank truck

Ц

Цапля гордо вдаль шагала,
Цапля буквы изучала.
"Ц" - цыплёнок, "Ц" - цветок,
Ты теперь учи сынок.

цапля

[tsaplia] · heron

цветок

[tsvetok] · flower

цыпленок

[tsyplenok] · chick

27

БУКВА

Ч

Черепаха не простая,
Сухопутная-морская.
Знает букву "Ч" она,
Это тоже не спроста.

чашка
[chashka] · cup

часы
[chasy] · clock

черепаха
[cherepakha] · turtle

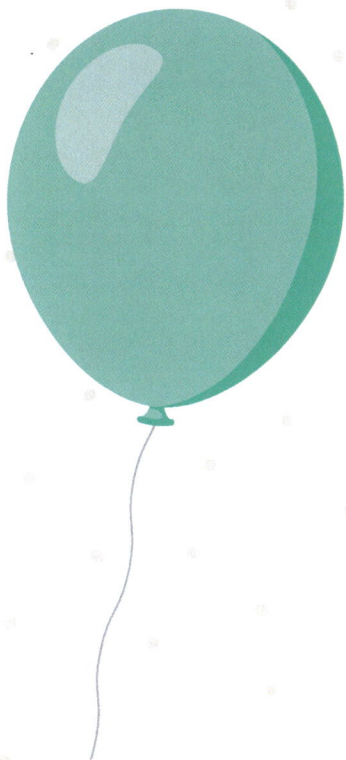

шарик

[sharik] • ballon

шоколад

[shokolad] • chocolate

Ш

Шарик в небо улетел,
Шар достать звезду хотел.
Шмель там мимо пролетал,
Шарика он не достал.

шмель

[shmel'] • bumblebee

БУКВА

щука

[shchuka] · pike

Буква **"Щ"** есть у **щенка**,
И у **щуки** такова.
С буквой **"Ш"** они похожи,
Но это не одно и то же.

щенок

[shchenok] · puppy

щетка

[shchetku] · brush

объектив

[ob"yektiv] · lens

Ъ

Твёрдый знак,
Не частый гость.
Есть у съезда и **подъезда**,
Слышал ты о нем?

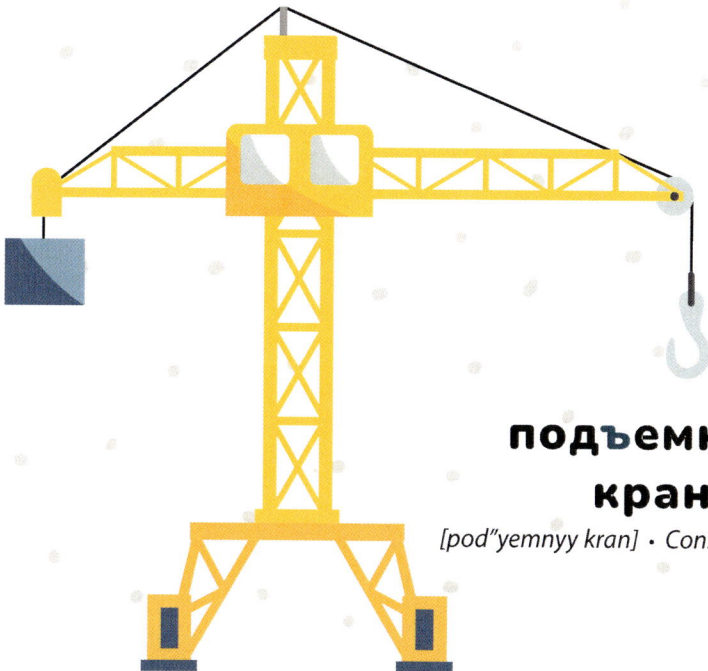

подъезд

[pod"yezd] · entrance

подъемный кран

[pod"yemnyy kran] · Construction crane

31

БУКВА

рыбы

[ryby] · fish

Не бывает слов на **"Ы"**,
Но без **"Ы"** не обойтись.
В слове **выдра** есть она,
Даже в слове **рыжина**.

сыр

[syr] · cheese

мышь

[mysh'] · mouse

выдра

[vydra] · otter

морковь

[morkov'] · carrot

ь

Мягкий знак добрее всех,
Вызывает детский смех.
Он смягчить любое слово,
Улыбнет он здесь любого.

платье

[plat'ye] · dress

семья

[sem'ya] · family

эклер

[ekler] · eclair

“Э” - **эклеры**, “Э” - **экраны**,
Буква “Э” плетет лианы.
Буква не нарядная,
Но не заурядная.

экскаватор

[ekskavator] · excavator

экран

[ekran] · screen

кастрюля

[kastryulya] · pot

Юбку Юле мама шила,
В магазин она сходила.
Сшила **юбку** ловкую,
Для **Юлечки** удобную.

юбка

[yubka] · skirt

юла

[yula] · spinning top

БУКВА

Я

Ела **Яна яблоки**,
Были они сладкие.
Яблоки от бабушки,
И такие гладкие.

яблоко

[yabloko] · apple

яйцо

[yaytso] · egg

якорь

[yakor'] · anchor

НАЗОВИ СЛОВО И ПЕРВУЮ БУКВУ

lingvito
www.lingvitokids.com

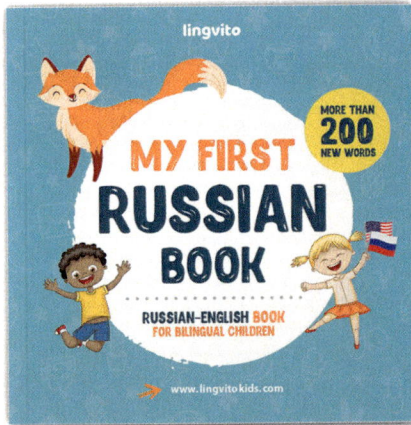

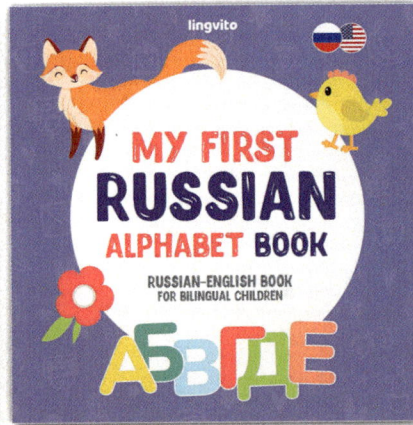

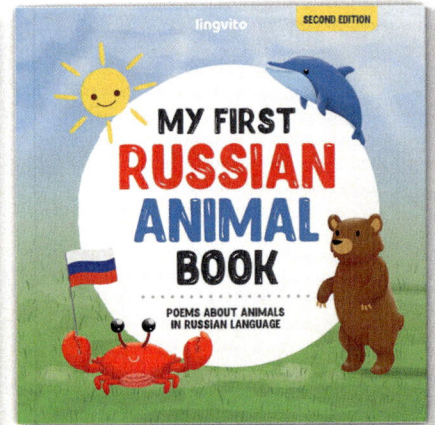

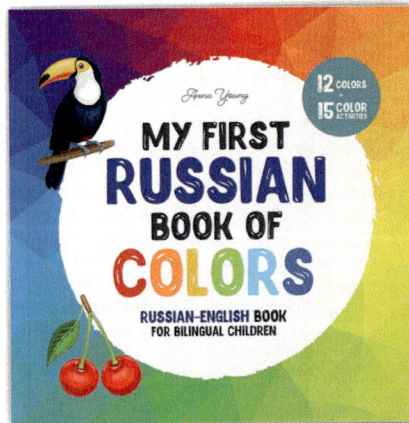

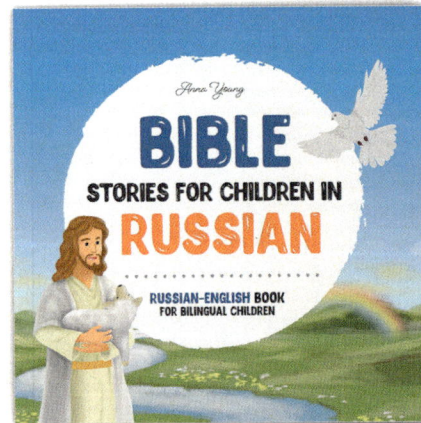

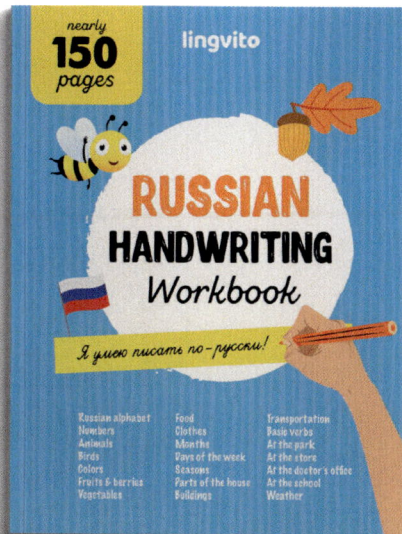

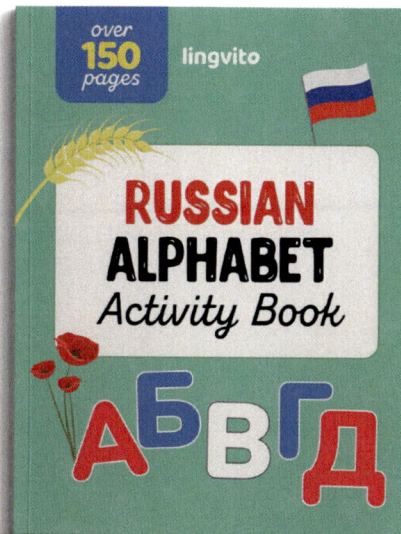

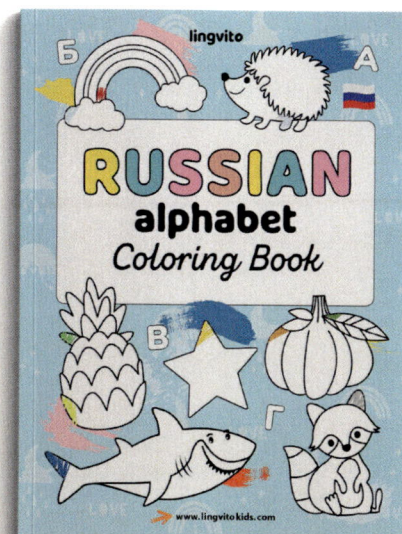

lingvito

Follow us on **Instagram**
@lingvitobooks

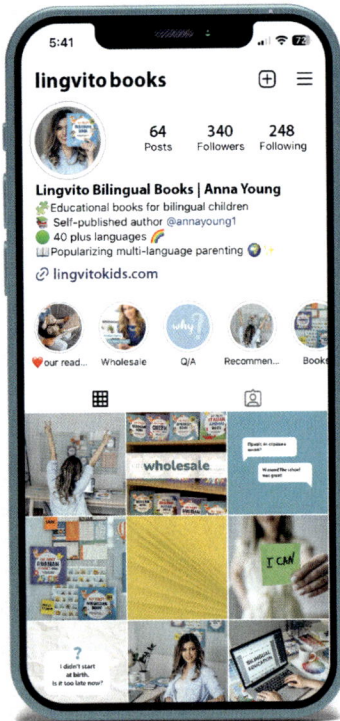

lingvito books

64 Posts | 340 Followers | 248 Following

Lingvito Bilingual Books | Anna Young
Educational books for bilingual children
Self-published author @annayoung1
40 plus languages
Popularizing multi-language parenting

lingvitokids.com

our read... | Wholesale | Q/A | Recommen... | Books

Thank you very much

★ ★ ★ ★ ★

It would be amazing if you wrote
an honest review on Amazon!
It means so much to us!

Questions?
Email us
hello@lingvitokids.com

www.lingvitokids.com

Edition 1.2 - Updated on September 1, 2024

Made in the USA
Middletown, DE
20 October 2024